Ich bin die Liebe meines Lebens

Der kleine Taschenführer der positiven Affirmationen

von Nadine Simmerock

AF221101

Die Kraft des positiven Denkens

Dieses kleine Buch ist entsprungen aus meiner langjährigen Arbeit! Ich liebe meine Arbeit und habe immer versucht jeden einzelnen Menschen in seine Eigenmacht zu bringen.

Was ist auf diesem Weg so wichtig?

Ein wichtiger Baustein in der eigenen Heilung und Kraft ist für mich eindeutig die Macht des eigenen Denkens. Diese geistige Kraft, des positiven Denkens ist ein unglaublich grosses Werkzeug für den Erfolg!

Der richtige Gebrauch des bewussten Denkens ist der Schlüssel für ein gesundes, erfülltes, glückliches und erfolgreiches Leben.

Jeder Gedanke ist Energie! Jeder einzelne Gedanke sendet seine Energie aus! Jeder Gedanke führt also immer zu einem Gefühl.

Jedes Gefühl führt immer zu einer Handlung und jede Handlung kreiert ein Ergebnis!

Alles ist Energie und deshalb ist es so wichtig sie bewusst und positiv zu lenken!

Sind wir mit dem Ergebnis nicht zufrieden, dann sollten wir nicht im Aussen/ am Ergebnis herumschauen, nein, wir sollten dann sofort unsere Gedanken verbessern und erneuern.

Ein Erfolgsgeheimnis ist auf diesem Wege die Kraft der Affirmationen, der Inkanationen.

Eine Affirmation/ Inkantation gibt unserem Denken eine klare Richtung und hilft, sich nicht im Sumpf von Unklarheiten, Verzweiflungen, Verwirrungen und Selbstanklage zu verlieren.

Eine positive Affirmation/ Inkantation kann eine Leben verändern und sogar retten.

Du solltest nur darauf achten, das du die Affirmationen/ Inkarnationen nicht einfach herunterratterst, sondern beginnst sie zu fühlen.

Du solltest darin aufblühen und somit neutralisierst du eine falsche Denkweise, die zu falschen Gefühlen führt und dadurch zu falschen Handlung und zum Schluss zu falschen Ergebnissen.

Mit der Zeit wirst du anfangen, eine positive Gedankenkraft zu entwickeln und deine geistige Kraft zu schulen.

In kurzer Zeit beginnst du tolle Ergebnisse zu kreieren und reiche Ergebnisse zu erzielen, denn du bist ein Magnet für Positivität geworden!

Positives Denken beflügelt, macht stärker, ermutigt und bringt inneren Frieden mit sich, es macht glücklich und vor allem EIGENMÄCHTIG!

Eigenmacht gibt immer das Gefühl- "Ich kann es!", "Ich schaffe es!". Also los geht es!

Viel Spass beim Aufbauen deines positiven Denkens!

Die positiven Affirmationen

Du kannst dieses kleine Büchlein überallhin mitnehmen, deshalb ist es in dieser Grösse gemacht und es gibt freien Platz, das DU es wachsen lassen kannst. Füge neue Affirmationen hinzu, die dir gefallen.

Es ist als ARBEITSBUCH gedacht!

Gestalte es selbst. Klebe Dinge ein, die du erreichen möchtest oder werde ganz einfach, wie ich, zu einer Affirmationsjägerin oder einem Affirmationsjäger!

Das bringt deinen Fokus automatisch in eine positive Richtung und du lernst dich auf das Positive im Leben zu konzentrieren!

Mit der Zeit bin ich mir sicher, das dieses Buch eine stetiger Begleiter von dir wird und ein Grundgerüst ist in allen Lebenslagen.

Und das Schönste ist, es ist deine Kreation, du denkst nicht nur positiv, sondern deine Gefühlswelt wird wunderschön sein, dadurch deine Handlungen und deine Ergebnisse werden dir viel Freude bringen!

Mache aus deine Leben ein Meisterstück!

Wann immer du einen positiven Gedankenanstoss brauchst, schlage einfach das Büchlein auf und suche dir eine Affirmation aus, oder fange einfach an zu lesen!

Du kannst dir aber auch schon morgens eine Affirmation heraussuchen, die dich dann den Tag über begleitet, egal was du machst, oder was ist. Du bleibst auf diese Affirmation konzentriert.

Wie schon gesagt gibt es auf jeder Seite Platz, um eigene Lieblingsaffirmationen zu notieren oder positive Notizen aufzuschreiben oder Bilder einzukleben!

Ich wüsche dir nun von Herzen viel Spass und Freude beim Kreieren deines Lebens!

Positives Denken verändert Menschen und wirkt absolut wunderwirkend!

Ich bin die Liebe meines Lebens

Ich bin die Liebe und lasse mich jetzt lieben

Ich liebe

Ich bin voller Liebe

Die Liebe erfüllt jetzt mein Herz und ich bin stark und freundlich

Meine innere Welt erschafft jetzt meine äussere Welt

Ich denke wie ein Millionär

Alles und Jeder bringt mir jetzt Glück

Absolute Liebe tut jetzt in dieser Situation ihr
vollkommenes Werk und alles ist gut

Liebe erfüllt mein Leben zum Überlaufen mit
Glück, Freude und Frieden

Wunder folgen jetzt auf Wunder

Ich bin die Energie

Ich bin das Glück

Ich bin der Erfolg

Ich schreite jetzt von Erfolg zu noch grösserem
Erfolg, von Glück zu noch mehr Glück und von
Wunder zu Wunder

Liebe soll für immer in mir pulsieren

Ich habe ein freudvolles und liebendes Herz
und beginne jetzt voller Kraft mein Leben zu
leben

Ich bin liebevoll und liebenswert

Ich bin das Schönste was es gibt, ich liebe mich

Es ist meine Aufgabe an mich zu glauben und
mir zu vertrauen

Ich bin pure Freude

Ich bin entzückt und freue mich meines Lebens
Ich vergebe und gebe jetzt alles frei

Die wunderwirkende Kraft des Universums tut jetzt ihr vollkommenes Werk

Der Christus in mir vergibt dem Christus in dir und der Christus in dir vergibt dem Christus in mir

Ich liebe mein Leben und bin so gesegnet

Alles was ich anfasse wird Gold

Es ist Goldstaub in der Luft für mich und ich ziehe jetzt Goldstaubergebnisse an

Ich wünsche mir das Höchste und Beste im Leben und ziehe jetzt das Höchste und Beste an mich

Es gibt nur Fülle in mein Leben

Ich bin ein unwiderstehlicher Magnet für Glück, Liebe, Freude und Fülle

Ich danke dafür das ich täglich, in jeder Weise, reicher und reicher werde

Ich lasse los, entspanne und vertraue

Leben, Leben, Leben- die Lebenskraft pulsiert in mir

Göttliche Stärke durchströmt mein Sein

Ich bin die Stärke

Ich bin die Kraft für das Gute

Ich bin das Gute

Ich bin eine Gewinnerin
Ich bin ein Gewinner

Ich habe Ausdauer

Ich gehe vorwärts und bin entschlossen alles zu
erreichen was ich möchte

Alles und Jeder bringt mir immer Glück und ich
zu allen anderen

Alles und Jeder trägt jetzt zu meinem Glück bei

Ich bin ein unwiderstehlicher Magnet für Glück, Liebe, Freude, Licht und Schönheit

Dies ist eine reiche und freundliche Welt

Ich bin ein Segen für diese Welt

Ich bin die Fülle und es ist ein Segen mich zu kennen

Jeder Moment zählt und deshalb gebe ich immer alles

Ich bin so glücklich, deshalb kann ich nicht aufhören zu lachen

Ich liebe mein Leben

Ich bin sehr gut in dem was ich tue und danke für meine wundervolle Arbeit

Ich bin grösser als alle Probleme. Ich kann mit jedem Problem umgehen und wachse daran

Ich konzentriere mich immer auf meine Chancen und erreiche mein Ziel

Ich finde immer eine Lösung und lasse das Universum für mich arbeiten

Das Universum ist für mich

Ich starte jetzt richtig durch

Ich erschaffe und nutze meine Kraft für das Gute

Der schöpferische Reichtum durchströmt jetzt mein Leben und fliesst in reicher Fülle zu mir

Ich liebe das Höchste und Beste in allen Menschen und ziehe jetzt die höchsten und besten Menschen in mein Leben

Wenn eine Türe sich schliesst, öffnet sich automatisch eine grössere, bessere und glücksbringende Türe

Ich strahle Liebe und positive Energie aus

Ich bin gut

Ich höre auf meine innere Stimme, sie steht in der direkten Verbindung mit meinem höheren Selbst und meinem Herzen

Ich bin ein Geschenk und handle aus vollem Herzen

Ich bin ein Engel

Ich danke für die sofortige, vollkommene Bezahlung aller finanziellen Verpflichtungen

Nichts als Gutes kann in mein Leben kommen, denn die Engel schützen mich

Die Gesundheit meines Höheren Selbst manifestiert sich jetzt in mir

Ich danke für ständige Gesundheit, Jugend und Schönheit

Gottes Weisheit führt mich sicher und ich bin immer im richtigen Moment am richtigen Platz

Ich lasse Weisheit durch mich fliessen und finde immer eine Lösung

Ich glaube unerschütterlich an meinen Erfolg

Es gibt genug Glück und Erfolg für alle, ich freue mich jetzt erfolgreich zu sein

Alles Bitterkeit und Glaube an Ungerechtigkeit verlassen mich jetzt und mein Leben. Die göttliche Wiedergutmachung wirkt jetzt in meinem Leben

Ich erfahre perfekte Gesundheit, denn ich glaube an die regenerierende Kraft der Lebensenergie

Ich mache die reichen Gaben Gottes in mir und um mich lebendig und freue mich über reiche Erfolge

Ich bin gesegnet mit Glück, Erfolg und gutem Gelingen

Mein positives Denken tritt jetzt in Form von reichen Ideen und reichen Resultaten in Erscheinung

Ich werde jetzt gefüllt mit der positiven Kraft des Universums

Innerer Frieden erfüllt mich voll und ganz

Göttliche Liebe kommt jetzt durch mich zum Ausdruck und erfüllt mein Leben

Nicht mein Wille geschieht, sondern ich lasse los und fange an mich zu entspannen und lasse den göttlichen Willen wirken

Ich lebe meine Kraft und verleihe ihr durch mein Handel Ausdruck

In mir und meinem Leben herrschen nur Fülle, Liebe, Glück und Freude

Wir sind in Wahrheit alle umgeben von Schönem, ich öffne jetzt meine Augen und betrachte die Welt voller Wunder

Alle finanziellen Türen stehen jetzt offen, finanziellen Kanäle sind jetzt frei und endlose Fülle kommt jetzt zu mir

Ich gebrauche die Macht des Universums in Weisheit

Ich verdiene jetzt himmlische Hilfe und nehme sie an

Ich lasse mir helfen

Ich erwarte grosse Dinge und grosse Dinge werden sich jetzt entfalten, ich freue mich darauf

Mein Geld fängt jetzt an zu wachsen

Ich danke dafür, das ich jetzt reich, gesund und glücklich bin

Jeden Tag werde ich auf jede erdenklich und undenkbare Weise reicher und reicher

Es gibt nur Fülle in meinem Leben

Ich sehe mich als schön, liebenswert und beliebt

Ich bin stolz darauf, ich zu sein

Göttliche Liebe übernimmt jetzt die Kontrolle in meinem Leben und alles befindest sich in göttlicher Ordnung

Ich bitte, dass die Auswirkungen der michbelastenden Situation, in alle Richtungen der Zeit, jetzt gelöst und geheilt werden

Der göttliche Plan meines Lebens entfaltet sich jetzt Schritt für Schritt und ich lebe ihn

Kein Mensch und keine äusseren Umstände können mir meinen inneren Frieden, meine innere Freude und mein Glück nehmen

Ich lasse meine Vergangenheit jetzt los und bewege mich freien, liebenden Herzens voran

In mir und gegen mich gibt es keine Kritik. Das höchste Gesetz des Guten wirkt in meinem Leben

Ich glühe vor Eifer und Begeisterung, um die Dinge zu tun, die durch mich getan werden müssen

Ich bin wichtig und weiss, dass jeder meiner wirklichen Herzenswünsche Erfüllung finden. Ich gebe Energie hinein und handle danach

Mit Gott sind alle Dinge möglich

Ich beginne und beende meinen Tag, indem ich um die liebevolle Führung der Engel bitte. Sie begleiten mich und ich lasse mich führe

Das Universum ist mein Partner und ich übergebe ihm jetzt all meinen Stress, Unsicherheiten und Probleme. Das Universum ist immer für mich und alles ist gut

Ich erwarte heute reichliche Versorgung und danke dafür

Liebe Engel, ich bitte euch mich, meine Familie und alle Freunde zu beschützten. Leitet uns und nur Gutes entsteht

Dies ist ein reiches Universum, indem es für Alle genug gibt- für mich, für dich und für uns alle

Ich erhalte jetzt nur Gutes und ich nehme es jetzt an

Ich verzehnfache in meinen Gedanken jetzt alles- Liebe, Freude, Gesundheit, Schönheit, Lachen, ... und lebe es

Lieber Erzengel Michael, bitte kappe jetzt die Verbindung der Angst und ersetze sie durch Energie, Stärke und Kraft

Heute konzentriere ich mir nur auf das Gute in meinem Leben, auf das was ich liebe, worauf ich stolz bin und wofür ich dankbar bin

Heute sage ich danke... zu .... (zähle alles auf, für was du jetzt dankbar sein kannst)

Ich liebe alle Menschen und alle Menschen lieben mich

Mit Gottes Hilfe strahle ich jetzt voller Freude, Liebe und Fülle! Ich bin wie ein Stern

Es geschehen nur Wunder in meinem Leben,
denn die wunderwirkende Kraft erfüllt mich und
mein Leben

Die vergebende Liebe des uns verbindenden,
geistigen Bewusstseins macht uns frei und vor
allem sehr kraftvoll

Alles ist in göttlicher Ordnung und verläuft
ganz nach Plan

Ich vertraue in den Prozess des Lebens und in
das Gute

Ich vertraue mir selbst

Ich glaube nur an das Gute

Ich akzeptiere nur das was gut ist

Göttliche Liebe sieht alles im voraus und beschafft jetzt alles reichlich

Es gibt keine Abwesenheit von Leben, von Substanz oder Intelligenz, deshalb gibt es auch keinen Mangel an Leben, Substanz, Weisheit oder Intelligenz

Trotz Krisen, Steuern, Arbeitslosigkeit oder was es sonst so gibt, kann ich meine Einkommen erhöhen und bin dankbar das ich in Fluss bin und Gutes auf diese Welt bringen

Die göttlich Kraft ist die höchste und beste Lösung

Heute ist ein toller Tag, voller Wunder, Geschenke und Liebe

Die wunderwirkende Kraft von Christus fliesst jetzt in mich und ich schreite von Erfolg zu noch mehr Erfolg

Alle Macht liegt nur in mir selbst

Nichts ist so erfolgreiches als erfolgreiches, fokussiertes Denken

Ich sehe mich jetzt von Wunder zu noch mehr Wunder in meinem Leben schreiten

Meine Engel gehen vor mir her und machen meinen Weg leicht, angenehm und freudvoll

Ich lebe ein wundervolles Leben

Ich bin beliebt und geliebt

Ich nehme voller Dankbarkeit an

Ich bin auf dem Weg nach oben

Ich bin auf dem Weg nach oben, ich bin mehr als ich glaube. In mir steckt alle Kraft und Stärke der Welt

Jeder Tag wird besser und besser, leichter und leichter und schöner und schöner

Ich bin Eins mit dem unendlichen Guten

Meine Umgebung strahlt in blendender Schönheit, blendendem Reichtum und blendendem Guten

Mein vorbestimmtes Schicksal ist es, Erfolg und Liebe zu haben und zu leben

Fest, standhaft und beharrlich mache ich weiter, bis das Gute in Erscheinung tritt

Ich danke jeden Tag für die zufrieden stellenden Erfüllung meiner Träume

Es gibt für mich, in mir oder gegen mich keine Kritik oder Beurteilung, denn die göttliche Liebe neutralisiert jetzt alles

Vor mir liegen gute Tage, vor mir liegen reiche Tage

Ich bin geführt, geheilt, bereichert und gesegnet

Ich danke dafür, dass Frieden, Gesundheit, Fülle und Glück jetzt in mir und in meiner Welt zum Ausdruck kommen

Meine Seele, mein Körper und alle meine Angelegenheiten bringen jetzt mein positives Denken und meine grosse Kraft zum Ausdruck

Ich bin jetzt umgeben von wundervollen Freunden, mit denen ich meine kostbare Zeit verbringen kann

Ich triumphiere in allem was ich mache

Ich lasse mich versorgen und bin versorgt

Ich beginne jetzt meine Träume zu leben

Ich lasse alle Ängste los und vertraue dem
Prozess des Lebens

Ich weiss, dass das Leben für mich ist. Ich stehe
aufrecht und gerade in der Kraft der Liebe

Ich bin gesund

Ich bin geheilt

Ich bin glücklich

Ich bin das Glück

Ich bin beliebt

Ich bin eine Gewinnerin
Ich bin ein Gewinner

Ich bin wertvoll

Ich bin voller Würde

Ich bin willkommen

Ich anerkenne mich selbst

Ich bin stolz

Ich bin wertvoll und verdiene Gutes

Ich kann sehr viel und freue mich es zu zeigen

Ich bin ein JA Mensch und lebe in einem JA Universum

Das Universum hilft mir immer

Ich bin göttlich, ganz und vollkommen, stark, eigenmächtig, liebenswert, harmonisch und glücklich

Ich kann sein, was ich sein will

Ich bin die göttliche Liebe, die das ganze Universum erfüllt

Dies ist ein guter Tag, ein sehr guter Tag

Mein Körper ist mein Freund, ich höre was er mir sagt

Mein Körper ist mit Sternenlicht gefüllt, er ist reines Bewusstsein, indem die Freude schwingt

Ich habe immer genug Zeit, ich schaffe alles

Ich liebe alle Menschen und alle Menschen lieben mich

Ich bin ein leuchtender Stern in dieser Welt

Ich bin das Licht dieser Welt

Ich umhülle mich sicher mit dem weissen Licht des Positiven und ich bin in Sicherheit

Ich weiss was zutun ist, denn ich folge meiner inneren Weisheit

Genau HEUTE lebe ich voller Freude, Entzücken und Leichtigkeit

Wunder erfüllen jetzt mein Leben

Vielen Dank das du dabei bist und aus deinem Leben ein Meisterstück machst. In der Gegenwart liegt die grösste Kraft, nicht in der Vergangenheit oder in der Zukunft.

Nur im Heute kannst du falsche Denkweisen korrigieren und heilen. Affirmationen/ Inkarnationen sind wie Wegweiser , die dich immer wieder in den richtigen, positiven Fokus bringen.

Lasse nie nach, steuere was du denken willst und sei das was du bist.

Du bist das Gute, voller Liebe, Wert und Kraft.

Ich vertraue darauf, das diese Buch dein Neuanfang ist für ein erfülltes, ausgeglichenes und freudvolles Leben.

Lass das Ende dieses Buches der Anfang deines neuen Lebens werden und vertraue auf deine neuen aktivierten Gedankenkräfte, Gefühle, Handlungen und Ergebnisse.

Ich wünsche dir nur das Beste, denn du bist das Beste!

In Liebe deine Nadine

Herstellung und Verlag:

BoD- Books on Demand, Norderstedt

ISBN: 978-3-7519-5837-0